Dieses Buch gehört

Mein Weihnachtshaus

Ilse Schäfer · Patrik Eis

mit Bildern von Sabine Scholbeck

Hase und Igel®

Dieses „Weihnachtshaus“ wird erst durch dich zu etwas ganz Besonderem. An jedem Tag im Advent kannst du etwas Weihnachtliches lesen, malen, basteln, schreiben oder rätseln – alles in diesem Buch! Am 24. Dezember hältst du dann dein eigenes, unverwechselbares „Weihnachtshaus“ in der Hand, das du selbst behalten oder verschenken kannst.

Auf manchen Seiten
findest du dieses Zeichen: 

Hier brauchst du den Bastelbogen, der diesem Buch beiliegt. Auf ihm findest du Bastelanleitungen, Schablonen zum Ausschneiden und eine Bildergeschichte, die du am 11. Dezember richtig zusammensetzen kannst.

Auf der allerersten Seite des Buches kannst du deinen Namen eintragen. Der Bastelbogen erklärt, wie du die Seite mit Goldpapier verschönern kannst.

Eine aufregende und festliche Adventszeit
wünschen dir

Ilse Schäfer und Patrik Eis

Sternenirrgarten

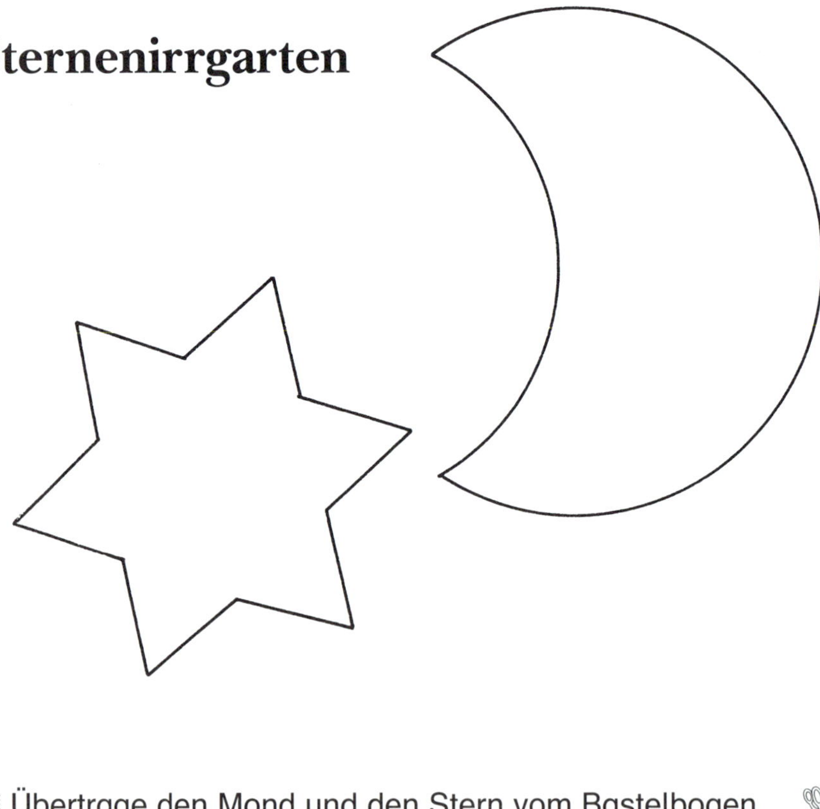

❄ Übertrage den Mond und den Stern vom Bastelbogen auf Goldpapier, schneide sie aus und klebe sie hier auf.

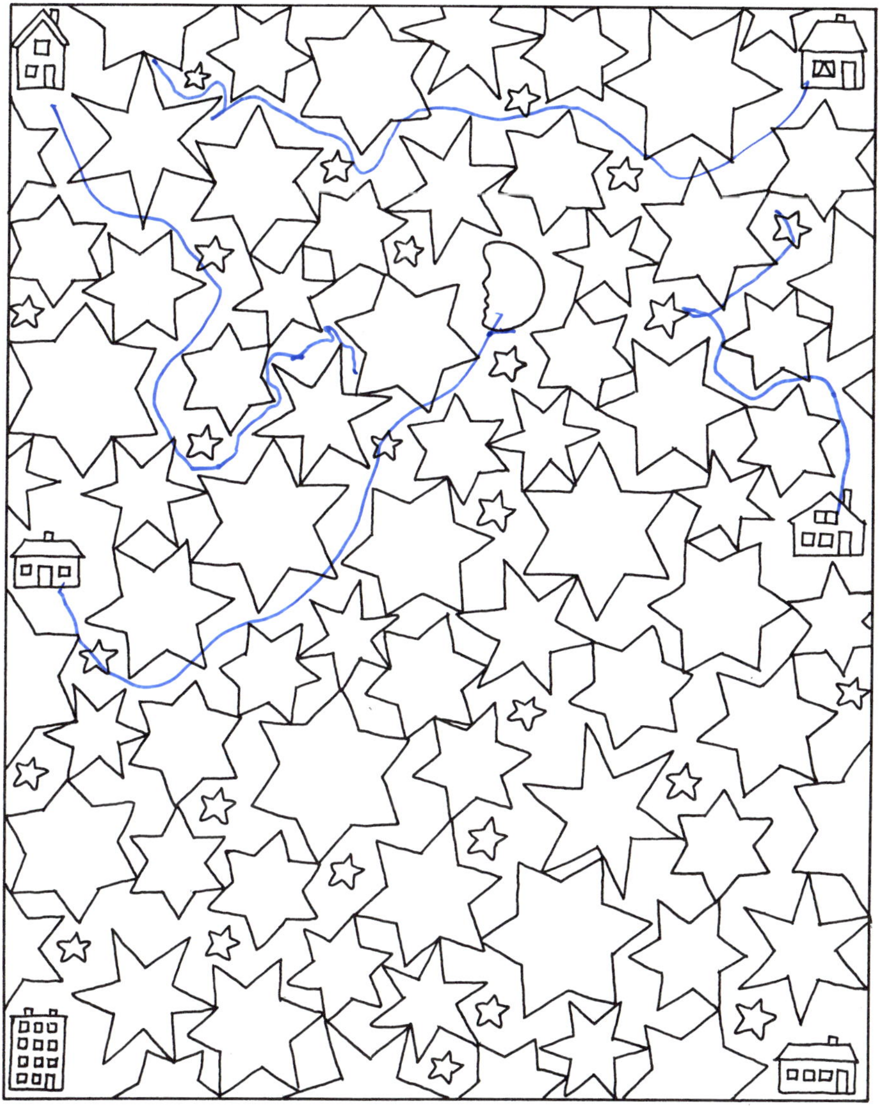

❄ Von welchem Haus führt ein Weg zum Mond? Wenn du den richtigen Weg gefunden hast, zeichne ihn ein. Male dann die Sterne und den Mond gelb an.

Der Schnee

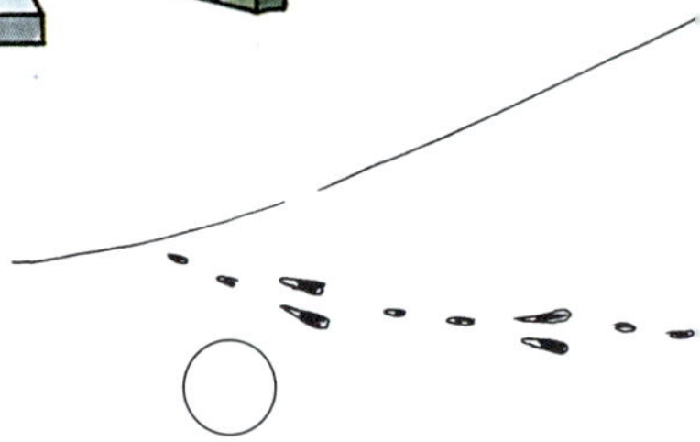

Der Schnee ist wie ein wilder Mann,
fegt tobend um die Ecke
und schneit den Menschen ins Gesicht
und fährt durch Busch und Hecke.

Der Schnee ist wie ein Wattebausch,
so leicht und schmelzerig,
liegt kalt und nass auf meiner Hand,
und dann verzieht er sich.

Der Schnee ist wie ein weißes Tuch,
verpackt die ganze Welt
in federleichtes Schneekristall,
das aus den Wolken fällt.

Der Schnee ist ein Erinnerungsbuch
für Menschen und für Tiere.
Ich schau mir ihre Spuren an
und stehe da und friere.

Fredrik Vahle

❄ Welche Spur gehört zu welchem Tier?
Schreibe die passenden Buchstaben in die Kreise.

❄ Eine Spur bleibt übrig. Weißt du, zu welchem Tier sie gehört?
Trage den Namen hier ein: ☐☐☐☐

Pettersson kriegt Weihnachtsbesuch

Endlich war es ein bisschen milder geworden! Schon seit einigen Tagen wollte der alte Pettersson einkaufen. Aber es war so kalt gewesen, dass er nicht mal die Nase vor die Tür stecken mochte. Jetzt war es ein Tag vor Heiligabend und sie hatten kaum noch etwas zu essen im Haus. Heute war also die allerletzte Gelegenheit, für Weihnachten einzukaufen und einen Tannenbaum aus dem Wald zu holen und Pfefferkuchen zu backen und all das zu tun, was vor Weihnachten zu tun ist.
Der Kater Findus hatte den Tannenbaumständer rausgesucht. Jetzt stand er an der Tür und wartete darauf, dass der Alte aufmachte.
„Pettersson!“, rief er. „Komm, lass uns losgehen, den Tannenbaum holen.“
Es war schon eine Weile her, da waren sie im Wald gewesen und hatten sich einen hübschen kleinen Baum ausgesucht.
„Das machen wir später“, sagte Pettersson. „Erst müssen wir einkaufen. Aber zuallererst werd ich ein bisschen Schnee schippen.“
Sie gingen hinaus und Pettersson schaufelte Wege zum Hühnerstall, zum Tischlerschuppen und zum Plumpsklo.

„Ich glaub, wir holen uns auch ein paar Tannenzweige und legen sie auf die Treppe, wenn wir schon mal dabei sind“, sagte der Alte. „Willst du mit, Findus?“
„Klar will ich mit, ich will aber Schlitten fahren!“, sagte der Kater.
Mit dem Kater im Schlepptau pflügte sich Pettersson den Hügel hinterm Tischlerschuppen hoch. Hier und da schlug er ein paar Tannenzweige ab und legte sie in den Schlitten. Als der voll war, kehrte Pettersson um. Aber plötzlich stolperte er über einen Stein und der Schlitten kriegte Fahrt. Er rutschte dem Alten genau in die Kniekehle, sodass er in den Tannenhaufen plumpste. Immer schneller wurde der Schlitten und mit voller Wucht sauste er in den Steinwall hinein und dort kippte der Schlitten um. Findus jubelte und schrie: „Noch mal!“

Aber der Alte sah kein bisschen so aus, als ob er es lustig fände. Er stöhnte und jammerte, während er sich aus dem Schnee herausarbeitete.
„Aua, aua, aua, so ein Mist“, knurrte er. „Da hab ich mir aber tüchtig wehgetan. Ich kann nicht auftreten mit dem Fuß.“
Er fluchte und wimmerte abwechselnd, sodass der Kater nicht wusste, was er tun sollte.
„Am Tag vor Heiligabend darfst du aber nicht fluchen.“ Das war alles, was ihm einfiel.

Später tranken sie Kaffee und aßen Pfefferkuchen. Still saßen sie da und betrachteten ihre Spiegelbilder in der Fensterscheibe. Am Tag vor Heiligabend hatten sie sonst immer so viel Spaß mit all dem, was noch vor Weihnachten erledigt werden musste: backen und kochen und alles hübsch machen. Und jetzt konnten sie nichts anderes tun als still sitzen und darauf warten, dass die Schmerzen im Fuß aufhörten.
„Ich glaub, wir kommen heute nicht mehr zum Einkaufen und morgen ist geschlossen. Dann haben wir zu Weihnachten wohl nichts zu essen", sagte Pettersson finster.
„Was sagst du da, alter Mann?!", piepste Findus. „Nichts zu Weihnachten? Keine Grütze? Keinen Schinken? Keinen Stockfisch? Nicht mal Fleischklößchen?"
„So sieht es aus. Diesmal essen wir Eier, und den Schinken essen wir eben zu Ostern. Und Kartoffeln und Mohrrüben haben wir auch noch."
„Mohrrüben am Heiligabend! Bäää!" Findus schüttelte sich.
„Hör auf zu meckern", sagte Pettersson. „Uns geht's nicht schlecht. Du kriegst auf jeden Fall ein Weihnachtsgeschenk."

Sven Nordqvist

❄ Pettersson und Findus erleben trotzdem noch einen wunderschönen Heiligabend. Schreibe die Geschichte zu Ende und male den Rand bunt aus.

So kann die Geschichte weitergehen:

Christmas Crossword

Kennst du englische Weihnachtswörter?

❄ Trage die gesuchten Wörter in das Rätselgitter ein.
Die Zeichnungen mit den Nummern und
die Wörter auf der nächsten Seite helfen dir.
Wie heißt das Lösungswort?

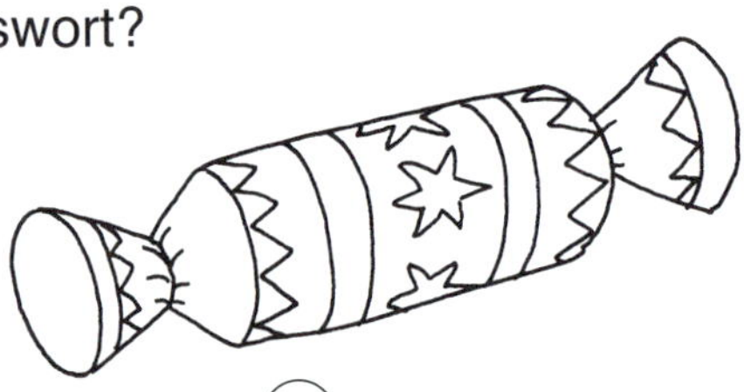

1

5

6

2

7

candle

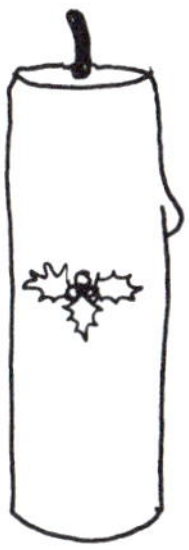

4

stocking

bell

star

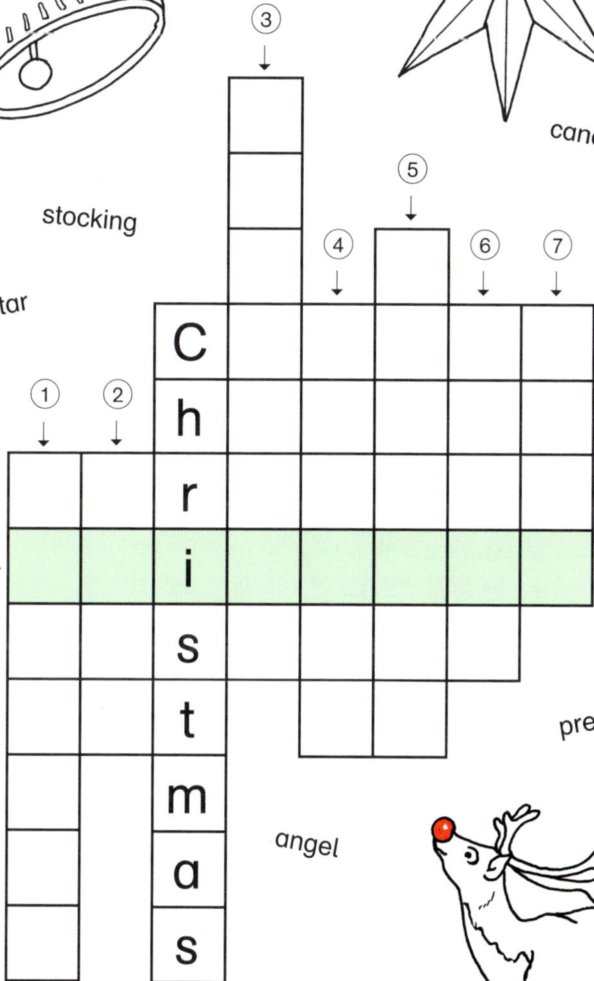

Lösungswort →

present

3

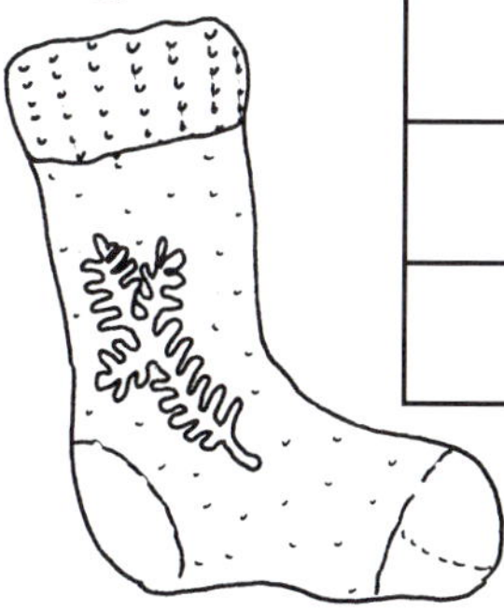

angel

cracker

Lasst uns …

❄ Auf diesem Teller stimmt etwas nicht. Finde den Fehler und male nur die richtigen Dinge an.

Lasst uns froh und munter sein
und uns recht von Herzen freun.
Lustig, lustig, traleralera,
bald ist Nikolausabend da,
bald ist Nikolausabend da.

Dann stell ich den Teller auf,
Niklaus legt gewiss was drauf.
Lustig, lustig, traleralera,
bald ist Nikolausabend da,
bald ist Nikolausabend da.

Wenn ich schlaf, dann träume ich:
Jetzt bringt Niklaus was für mich.
Lustig, lustig, traleralera,
bald ist Nikolausabend da,
bald ist Nikolausabend da.

Wenn ich aufgestanden bin,
lauf ich schnell zum Teller hin.
Lustig, lustig, traleralera,
bald ist Nikolausabend da,
bald ist Nikolausabend da.

Niklaus ist ein guter Mann,
dem man nicht g'nug danken kann.
Lustig, lustig, traleralera,
bald ist Nikolausabend da,
bald ist Nikolausabend da.

Volksgut

Nikolauswörterrätsel

A	M	A	O	R	K	B	A	R	T	O
G	R	P	L	Ä	T	Z	C	H	E	N
E	I	F	F	S	T	I	E	F	E	L
D	R	E	V	Ü	R	M	O	R	N	I
I	U	L	C	K	Ö	L	X	U	P	E
C	T	S	C	H	L	I	T	T	E	N
H	T	I	G	R	D	E	I	E	L	H
T	A	N	J	U	R	D	U	K	W	I
P	O	E	R	K	B	N	Ü	S	S	E

❄ Male die Kästen mit den neun Nikolauswörtern aus.

❄ Schneide ein Rechteck der Größe 11 cm x 6,5 cm aus rotem Filz oder Stoff aus. Binde deinen Nikolaussack oben mit einem Wollfaden zu. Klebe ihn auf die passende Stelle.

Weihnachts-Abc

☐ ____________________

B ethlehem

C hristkind

D ankeschön!

☐ ________________

F reude

☐ ________________

H eiligabend

I srael

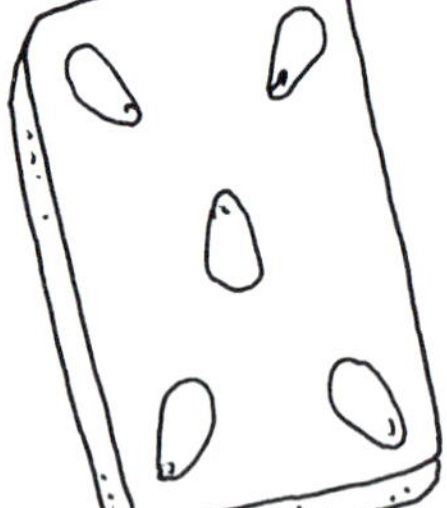

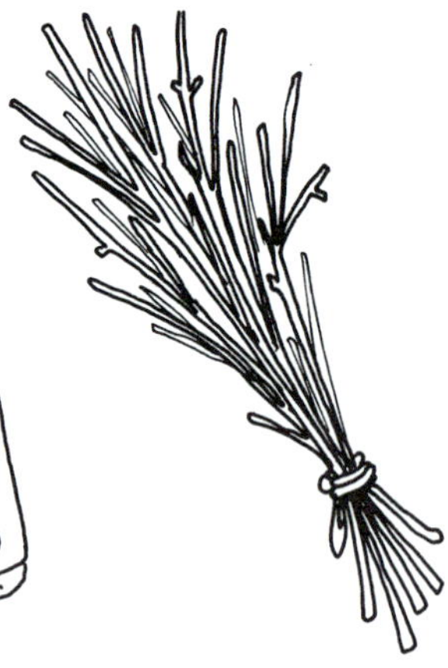

J esus

K erzenlicht

☐ ________________

M aria

☐ ________________

O rgelklang

P lätzchenduft

Q uittenbrot

☐ ________________

☐ ________________

☐ ________________

U ngeduld

V erkündigung

☐ ________________

X Y

Z imtsterne

❄ Das Weihnachts-Abc hat einige Lücken.
Kannst du sie füllen? Die Bilder helfen dir dabei.

Liederrätsel

1. Schneeflöckchen, …, wann kommst du geschneit?
2. Lustig, lustig, traleralera! Bald ist … da.
3. Vom Himmel …, da komm ich her
4. Leise rieselt der …, still und starr liegt der See.
5. Kling, …, klingelingeling
6. Stille …, heilige Nacht, alles schläft, einsam wacht
7. Alle … wieder kommt das Christuskind
8. Ihr …, kommet, oh kommet doch all!
9. Morgen Kinder wird's was …, morgen werden wir uns freun!
10. Schneeflöckchen, Weißröckchen, wann kommst du geschneit? Du kommst aus den …, dein Weg ist so weit.
11. Oh Tannenbaum, oh Tannenbaum, wie grün sind deine Blätter! Du grünst nicht nur zur Sommerzeit, nein auch im Winter, … es schneit.
12. … ist ein Ros' entsprungen aus einer Wurzel zart.
13. … uns froh und munter sein und uns recht von Herzen freun
14. Oh …, wie grün sind deine Blätter
15. Kehrt mit seinem Segen ein … jedes Haus, geht auf allen Wegen mit uns ein und aus.

Lösung:

1	2	3		4	5	6		7	8

9	10	11	12	13	14	15	16	17	18	19	20	21	
													!

❄ Bei jedem Liedtext auf der linken Seite fehlt ein Wort.
Trage die Wörter mit Großbuchstaben in das Rätselgitter ein.

Die Weise des Hirten

Eine Schweizer Legende

Ein junger Hirt war angekommen mit all den andern, die das wunderbare Kind schauen wollten, dessen Geburt die Engel des Himmels Bergen und Tälern verkündet hatten.
Da drängten sie sich am frühen Morgen vor der Grotte und suchten einen Blick hineinzutun nach dem Kindlein in der Krippe. Und alle trugen sie eine Gabe in den Händen nach ihrem Vermögen, ihrer Hantierung und dem glücklichen Gedanken des Gebers. Und einer nach dem andern trat hinein, um seine Angebinde den heiligen Eltern zu überreichen.
Der schmächtige Bursche aus Galiläas Bergen aber blieb in einem Winkel neben dem Eingang stehen und hielt seinen Kopf mit den dunklen, krausen Locken gesenkt. Er scheute sich näher zu der Krippe heranzugehen. Doch die Muttergottes hatte ihn bemerkt, kam mit einer gütig einladenden Gebärde auf ihn zu und munterte ihn auf, zur Krippe zu treten.
„Ich kann dem Kinde keine Gabe reichen, aber ich möchte ihm ein Lied auf meiner Hirtenpfeife blasen“, sagte er verschämt.

„Tu das, mein Sohn! Du wirst es damit erfreuen", ermutigte ihn die junge Mutter.
Doch da erschien eben eine gar vornehme Schar von Besuchern im Eingang. Die drei Könige aus dem Lande gen Morgen waren angekommen mit ihrem stolzen Gefolge von Leibwächtern und Dienern in prächtigen Gewändern. Herrlich schimmerten die goldbestickten Purpurmäntel der Könige in dem feinen Glorienlicht, das des Kindes Haupt umstrahlte, und es schimmerten die elfenbeingeschnitzten Kästchen und Büchsen, in denen die Kämmerer ihrer Herren Gaben trugen: Gold, Weihrauch und Myrrhen.
Eingeschüchtert wich der Hirt zurück in den Winkel und drückte seine einfache Rohrpfeife an die Brust. Doch Maria suchte ihn mit den Augen, indessen die drei Könige und ihr Geleite die Knie beugten vor der Krippe, anzubeten den Neugeborenen, über dessen Haupt die Magier den Wunderstern hatten aufglänzen sehen. Und sie kam abermals auf den Felsenwinkel zugeschritten, wo der Bursche stand, fasste ihn bei der Hand und nickte ihm liebreich lächelnd zu. „Komm zur Krippe und schenke dem Kinde ein Lied deiner Hirtenpfeife, guter Knabe!", forderte sie ihn noch einmal auf.

Und sie führte ihn, den scheuen, barfüßigen Sohn der galiläischen Berge in seinem Schaffell, durch das prunkvolle Geleite der drei Könige bis zur Krippe. Dort blieb er stehen und setzte zaghaft die Pfeife an den Mund. Aber wie er den Blick in ehrfürchtigem Staunen auf das heilige Kind richtete und dieses ihm aufmunternd zulächelte, da fasste er Mut und spielte mit Kraft und Andacht sein allerschönstes Lied, das er sich ausgeprobt auf einsamer Berghöhe unter seinen Schafen.
Und siehe, in der weiten Grotte herrschte Stille, dass der Ton der Pfeife hell erklang am felsigen Gewölbe! Und alle lauschten, Könige und Bauern, Wanderer und Jäger und auch die Frauen und Kinder, die eben noch so eifrig gewundert und geplaudert von dem göttlichen Kinde und von den fremden Fürsten und ihren köstlichen Gaben. Es horchten Esel und Öchslein im Hintergrunde der Grotte und die Schafe, die hinter ihren Hirten hergelaufen waren. Die Tauben und die Schwalben, die in den Felsennischen ihre Nester hatten, hörten auf zu gurren und zu zwitschern. Ja, selbst der Bach, der sonst eilig und geschwätzig draußen am Eingang vorüberschoss, stand eine Weile still, um das träumerische Lied des Schäfers nicht mit seinem Rauschen zu stören. Und alle die Menschen drinnen und draußen vor der Grotte lauschten mit feuchten Augen und stimmten in ihren Herzen mit ein in den Ton der frommen Ehrfurcht und in den Dank aller Sterblichen an Gott den Vater, der ihnen den Erlöser gesandt hatte.
Und als das Lied ausklang in süßes Hauchen, ging es wie ein tausendstimmiges Schluchzen durch den Raum, als schauten in diesem Augenblick alle Mütter der Welt kniend auf das himmlische Kind, seinen jungen Schlummer und seinen Erdenweg zu segnen.

Auch der Schäfer war auf die Knie gesunken. Der Blick des Knäbleins in der Krippe ließ ihn die Menge ringsum vergessen. Ihm war, als sei er allein auf der Welt vor der heiligen Mutter und ihrem Kinde. Sein Herz wollte ihm in der Brust zergehen vor einem unnennbaren Glück, als der neugeborene Gottessohn seine Händchen ihm entgegenhob, wie um ihm zu danken.
Und da er sein Lied geendet und seine Schalmei an die Brust drückte, während ihm die Tränen der Freude über die sonnengebräunten Wangen rollten, trat die heilige Maria auf ihn zu, legte ihre weiche Hand ihm auf das Haupt und sagte leise, zu ihm niedergebeugt: „Sei gelobt für dein Lied, Knabe! Du hast an diesem Morgen die allerschönste Gabe dargebracht dem Sohne Gottes, da du deines guten Herzens Stimme ertönen ließest.“ Und laut vor allem Volk fügte sie hinzu: „Gesegnet sei dein Stand und Amt in der ganzen Welt für immer, Schäfer! Mein Sohn, er wird Besseres nicht zu wirken vermögen, als dir es gleichzutun und ein guter Hirte zu werden allen Menschenherzen.“
Und als der junge Schäfer schüchtern wieder und linkisch wie zuvor dem Ausgang zuschritt, da neigten sich die purpurbekleideten Könige vor ihm und bewundernd schauten alle, die stolzen Kämmerer und die Bauern, die Frauen und Kinder, auf ihn und gaben ihm Raum, wie er durch die Menge davonging, wieder zu hüten und zu hirten seine Herden auf den Bergen Galiläas.

Arnold Büchli

Springende Steine

'nen Spielstein jede Kugel kriegt,
nur die Neun bleibt leer.
Wenn dann alles richtig liegt,
gibt's keine Pause mehr:

Springen können diese Steine,
immer einer über'n andern.
Mit der Sieben auf die Neune,
fang nur lustig an zu wandern!

Und die übersprung'ne Acht
kommt nun raus aus diesem Spiel.
Wie man es nur weiter macht,
dass nur *ein Stein* bleibt im Ziel?

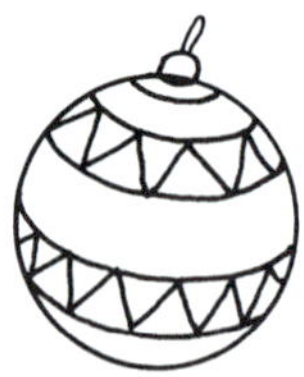

❄ Für diese Knobelei brauchst du neun Spielsteine oder Münzen. Das Gedicht auf der linken Seite verrät dir, wie es geht.

Bildergeschichte

❄ Schneide die Puzzle-Teile vom Bastelbogen aus und klebe sie richtig auf.
Schreibe dann die richtigen Zahlen in die Kreise.

Goldener Engel

Engelhaar und gold'ner Schein,
hilf mir in mein Kleid hinein.
Schere, Klebstoff, Goldpapier –
Augenmaß, das brauchst du hier.
Doch dann schau und staune,
ich bring dir Weihnachtslaune!

❄ Übertrage die Vorlagen vom Bastelbogen auf Goldpapier, schneide sie aus und klebe sie an die richtigen Stellen.

Weihnachtliches Reimen

versuchen

festlich

friedlich

Genuss

fröhliche

herrliche

stille

Weihnachtszeit

gemütlich

köstlicher

❄ Die Zweizeiler auf der rechten Seite sind nicht ganz vollständig. Findest du passende Wörter und Reime? Du kannst auch Wörter von dieser Seite verwenden.

Weihnachtlich mag ich es gerne:
Lieder, Glöckchen, viele Sterne.

Bunte Lichter in jedem Haus –
ja, das sieht so ________________ aus.

Plätzchen mit viel Zuckerguss,
welch ein ______________________________ .

Mandeln, Äpfel, Pfefferkuchen,
all das will ich auch ______________ .

Friede, Freude, bald ist es so weit:

Sie kommt, die ________________

______________________!

Die drei Spatzen

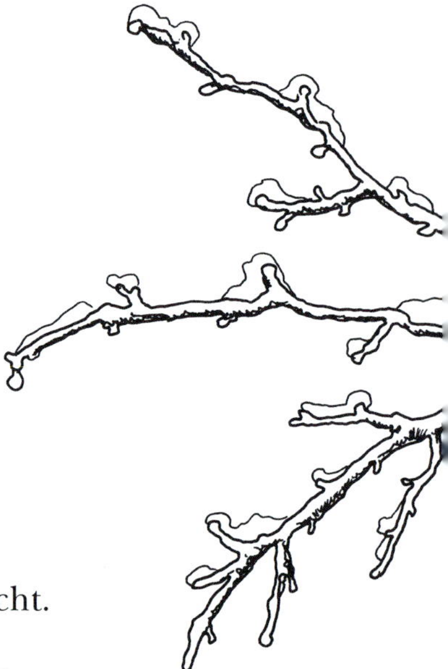

In einem leeren Haselstrauch
da sitzen drei Spatzen, Bauch an Bauch.

Der Erich rechts und links der Franz
und mittendrin der freche Hans.

Sie haben die Augen zu, ganz zu,
und obendrüber da schneit es, hu!

Sie rücken zusammen dicht an dicht.
So warm wie der Hans hat's niemand nicht.

Sie hör'n alle drei ihrer Herzlein Gepoch.
Und wenn sie nicht weg sind, so sitzen sie noch.

Christian Morgenstern

❄ Zupfe viele, feine Watteflöckchen und klebe sie vorsichtig auf das Bild. Gut trocknen lassen!

❄ Franz und Hans tauschen die Plätze. Erich will in die Mitte. Sitzt Erich dann (von dir aus gesehen) rechts oder links von Hans?

Alles ganz wunderbar weihnachtlich

Eine Woche vor Weihnachten ist plötzlich die Schlafzimmertür abgeschlossen, als Jesper mittags aus der Schule nach Hause kommt.
„Das war sie ja vorhin schon!“, sagt Janna und rüttelt an der Klinke. „Als Mama mich vom Kindergarten abgeholt hat!“
Heute ist Mittwoch und da kommt immer Jannas Freundin Sarah-Lisa gleich nach dem Kindergarten mit nach Hause. Sarah-Lisa rüttelt jetzt auch.
„Ich glaube, da sind Weihnachtsgeschenke drin“, sagt Jesper und versucht durchs Schlüsselloch zu gucken. „Jawohl.“

„Weihnachtsgeschenke?“, sagt Janna. „In unserem Schlafzimmer? Du bist ja blöde! Die hat doch der Weihnachtsmann!“ Und dann rennt sie ganz schnell in die Küche, um Mama zu fragen.
Mama teilt gerade das Mittagessen für die Kinder in ganz genau gleiche Portionen.
„Tja, also das Schlafzimmer …“, sagt Mama zu Janna, und Jesper wirft ihr über Jannas Kopf wieder einen von diesen Blicken zu. „Also, da hat der Jesper mal recht. Da sind nämlich Weihnachtsgeheimnisse drin. Vom Weihnachtsmann. Und der hat mich gefragt, ob er das bei uns abladen darf.“
„Der Weihnachtsmann?“, fragt Janna ungläubig. „In unserem Schlafzimmer? Wo der doch bei sich so viel Platz hat? Da braucht der doch unser Schlafzimmer nicht!“
Jesper kichert, aber dann hört er gleich wieder auf.
„Das weiß ich nun auch nicht“, sagt Mama energisch. „Aber jedenfalls hat er mich gefragt, da mochte ich ihm das nicht abschlagen. Und nun steht unser Schlafzimmer voll.“
Sie nimmt zwei Teller von der Arbeitsplatte und stellt sie auf den Küchentisch. „Und jetzt wird gegessen!“, sagt Mama. „Sonst wird das Essen noch kalt.“
Beim Essen reden Janna und Sarah-Lisa die ganze Zeit vom Weihnachtsmann. Sarah-Lisa ist noch nicht mal fünf, da ist das ja kein Wunder.
„Mir bringt der auch ’ne Barbie“, sagt Sarah-Lisa und versucht die Erbsen ohne Finger auf ihren Löffel zu kriegen. „Mhm, ja, das tut der.“

„Mhm, das tut der", sagt Janna, und weil sie ja zu Hause ist, steckt sie ein paar Erbsen mit den Fingern in den Mund. „Und dann haben wir beide eine, nicht, Sarah-Lisa? Aber jetzt ist deine vielleicht noch in Lappland beim Weihnachtsmann. Und meine ist ja schon hier."
„Ist meine gar nicht!", sagt Sarah-Lisa, und jetzt vergisst sie auch, dass sie nur zu Besuch ist, und greift nach ihrem letzten Fischstäbchen. „Im Himmel ist die! Wo der Weihnachtsmann wohnt! Mit den Engeln!"
Aber Janna ist ja schon fünf und darum weiß sie das besser. „Nein, in Lappland, du, Sarah-Lisa", sagt sie energisch. „Da wohnt ja der Weihnachtsmann. Mit seinen Wichteln."
„Wohnt der gar nicht!", ruft Sarah-Lisa. „Der wohnt im Himmel! Bei den Engeln!"
„Dummes Kind!", sagt Janna. Jetzt ist sie richtig aufgebracht. Wenn eine erst vier ist, braucht sie gar nicht so zu tun. „Der wohnt in Lappland! Bei den Wichteln! Das weiß doch jeder! Da kannst du ja mal Jesper fragen. Nicht Jesper, wohnt der doch?"
Jesper hat seinen Teller fast leer.
„Jaja, in Lappland, hm, ja", sagt Jesper und kichert. „Da wohnt der, hm, ja", und er versucht wieder Mama zuzuzwinkern, aber die steht an der Spüle und mischt sich nicht ein.
„Kannst du ja gar nicht wissen!", schreit Sarah-Lisa. „Meine Mutter weiß das viel besser! Im Himmel wohnt der Weihnachtsmann, das sagt meine Mutter und die ist schon alt!"

„Meine Mutter ist auch alt!“, schreit Janna. „Oder, Mama?“
An der Spüle dreht Mama sich ganz langsam um.
„Na ja, so ganz alt …“, sagt sie zögernd. „Aber so alt wie Sarah-Lisas Mutter bin ich wohl auch, ja, das schon“, und sie will weiter ihre Töpfe waschen.
Aber das lässt Janna nicht zu. „Und wo wohnt er jetzt, Mama?“, schreit sie. „Im Himmel oder in Lappland?“
Da fängt Sarah-Lisa wirklich an zu weinen. „Im Himmel“, schluchzt sie. „Im Himmel bei den Engeln, sonst lad ich dich nicht zu meinem Geburtstag ein!“
Da kommt Mama von der Spüle. Sie trocknet sich die Hände am Küchenhandtuch ab und dann nimmt sie Sarah-Lisa in den Arm und sagt, dass das ja gar keiner entscheiden kann, weil doch niemand das Haus vom Weihnachtsmann gesehen hat. „Aber ich könnte mir vorstellen“, sagt Mama, „dass er im Himmel und in Lappland wohnt, versteht ihr? So wie die Lüdermanns aus dem zweiten Stock. Die wohnen doch auch mal hier und mal in ihrem Wochenendhaus in der Heide. Vielleicht macht das der Weihnachtsmann auch.“ Und Mama geht wieder zur Spüle.
„Und im Sommer macht er Ferien auf Mallorca!“, schreit Jesper, und jetzt muss er so lachen, dass er fast mit seinem Stuhl umkippt. „Da zieht er sich die Badehose an!“
Aber Sarah-Lisa und Janna gucken gar nicht zu ihm hin und zum Nachtisch kriegt jeder ein Eis. Da vertragen die Mädchen sich wieder.

Kirsten Boie

Fröhliche Weihnachten in Europa

❄ Findest du die fünf Hauptstädte? Kreise sie ein. (Sie gehören zu den Ländern auf der nächsten Seite.)

M	O	P	R	I	L	O	N	D	O	N	O
U	M	A	D	R	I	D	A	T	I	R	S
S	P	R	O	N	A	F	L	C	R	E	T
N	E	I	S	T	O	C	K	H	O	L	M
U	F	S	I	C	K	L	U	R	M	I	C

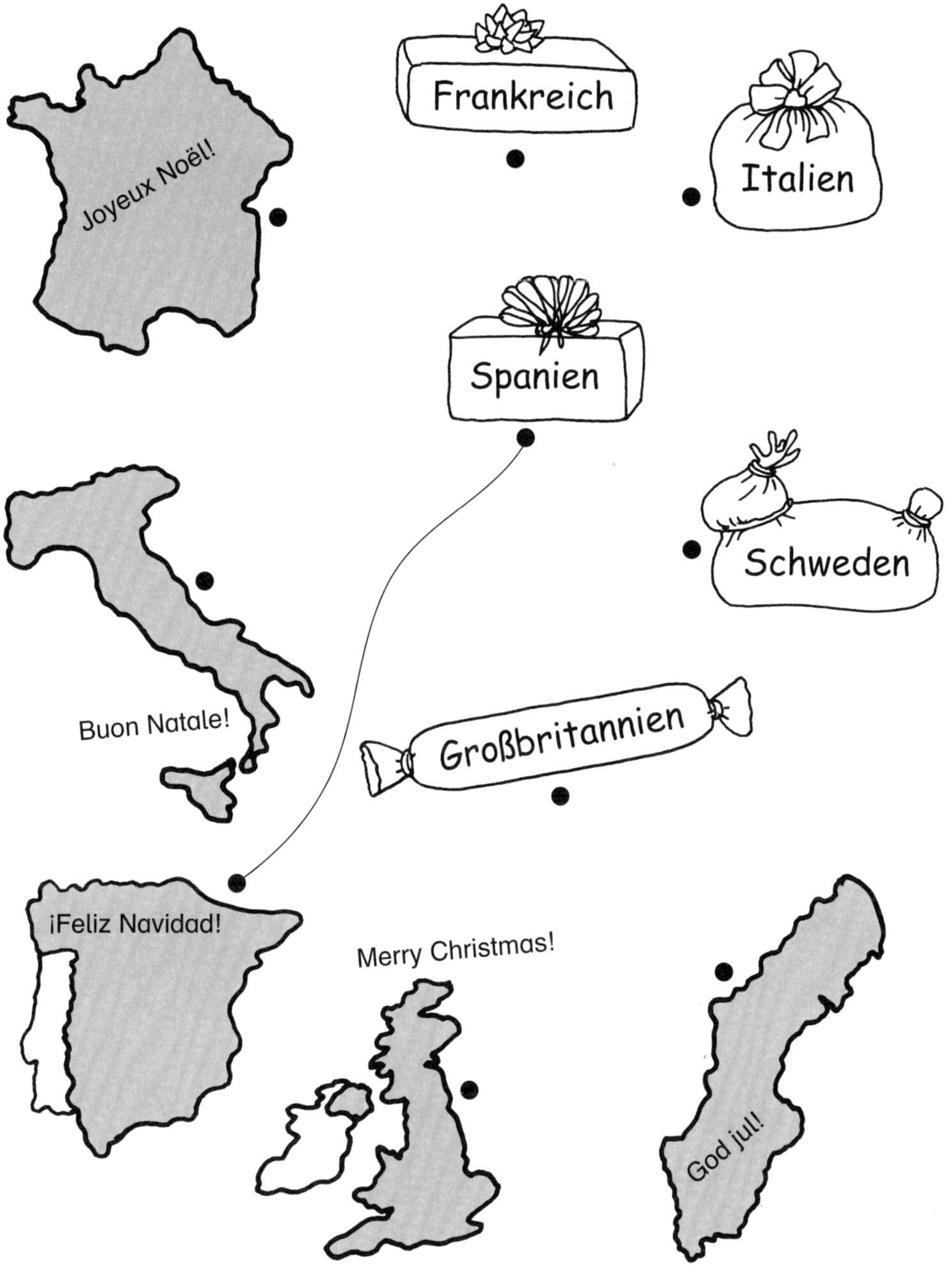

❄ Verbinde die Weihnachtsgrüße mit den richtigen Ländernamen. Die Umrisse der Länder helfen dir dabei.

8ung, Zahlen!

❄ Findest du auch die anderen „Zahlwörter“?
Schreibe sie um die Zahlen herum auf.

der Weihn8sbaum

der ________2___

das ____4

der __11___

der ______0___

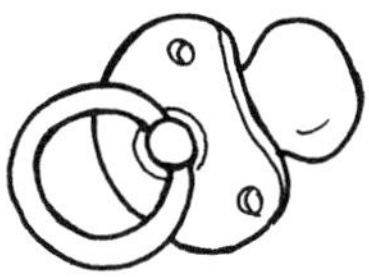

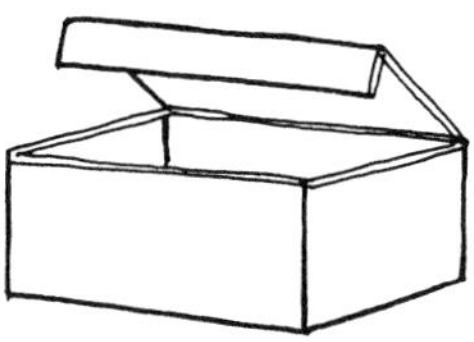

die ____8___

Mandala

❄ Löse die Rechenaufgaben.
Male die Felder mit den passenden Farben aus.

7 = 

8 = 

9 = 

10 = 

❄ Entscheide selbst, wie du die restlichen Felder ausmalen möchtest.

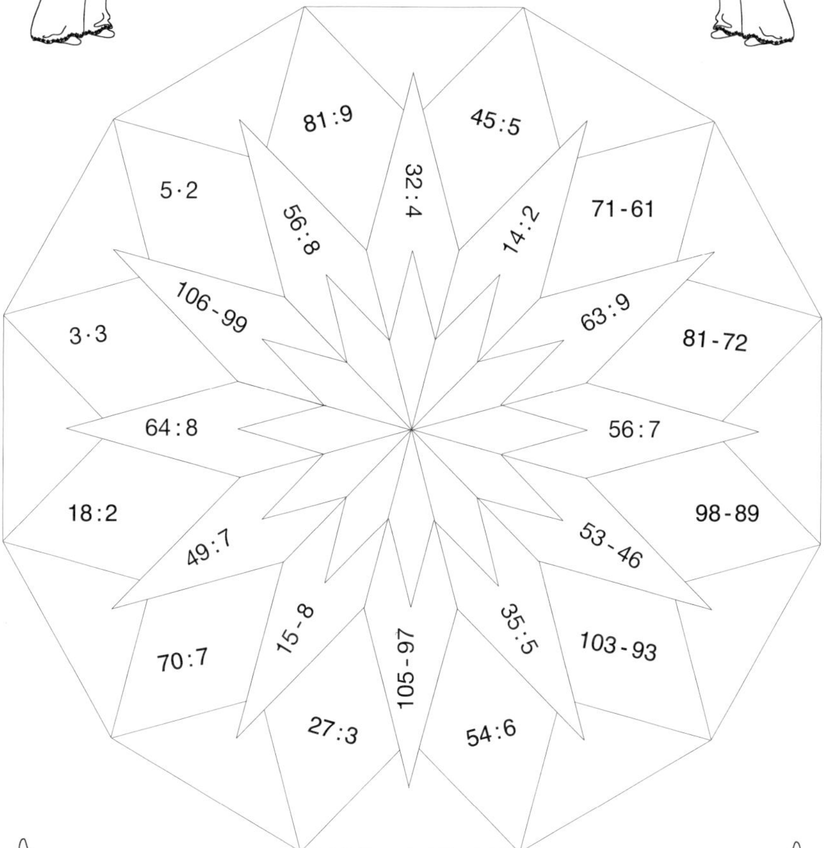
81:9
45:5
32:4
5·2
56:8
14:2
71-61
106-99
63:9
3·3
81-72
64:8
56:7
18:2
98-89
49:7
53-46
15-8
35:5
70:7
105-97
103-93
27:3
54:6

Winterspaziergang

Susanne, Felix und ihre Eltern machen einen Winterspaziergang. Den Schäferhund Bonny nehmen sie mit.
Susanne hat eine rote Steppjacke und eine warme, blaue Hose an. Dazu eine lustige, gelbe Mütze mit blauen Punkten und einen rot-gelb gestreiften Schal. Ganz stolz betrachtet sie ihre neuen, weißen Stiefel, die sie zum Geburtstag bekommen hat.
Felix trägt einen gelben Skianzug mit grünen Streifen an den Seiten. Er hat seine Kapuze tief ins Gesicht gezogen. Seine Füße stecken in wasserdichten, braunen Stiefeln.
Papa hat seinen alten, heiß geliebten grauen Mantel an. Er behauptet, dass nur dieser Mantel ihn wirklich warm hält. Den dicken lila Schal hat Susanne ihm gestrickt. In seinen schwarzen Schuhen tritt er eine Spur für die Familie in die immer höher liegende weiße Pracht.
Mama tollt mit Bonny durch den Schnee. Sie ist schon zweimal hingefallen und man kann kaum noch erkennen, dass sie eine lustige, orangefarbene Jacke mit lila Punkten trägt. Sie erreichen eine Wiese, gerade als die Sonne ein wenig durch die Wolken blitzt, und die Kleidungsstücke sehen wie bunte Blumen aus.

❄ Male das Bild so aus, dass es zu der Geschichte passt.

Der Traum

Ich lag und schlief; da träumte mir
ein wunderschöner Traum:
Es stand auf unserm Tisch vor mir
ein hoher Weihnachtsbaum.

Und bunte Lichter ohne Zahl,
die brannten ringsumher,
die Zweige waren allzumal
von goldnen Äpfeln schwer.

Und Zuckerpuppen hingen dran:
Das war mal eine Pracht!
Da gab's, was ich nur wünschen kann
und was mir Freude macht.

Und als ich nach dem Baume sah
und ganz verwundert stand,
nach einem Apfel griff ich da,
und alles, alles schwand.

Da wacht ich auf aus meinem Traum,
und dunkel war's um mich.
Du lieber, schöner Weihnachtsbaum,
sag an, wo find ich dich?

Da war es just, als rief er mir:
„Du darfst nur artig sein,
dann steh' ich wiederum vor dir –
jetzt aber schlaf nur ein!

Und wenn du folgst und artig bist,
dann ist erfüllt dein Traum,
dann bringet dir der Heil'ge Christ
den schönsten Weihnachtsbaum."

Hoffmann von Fallersleben

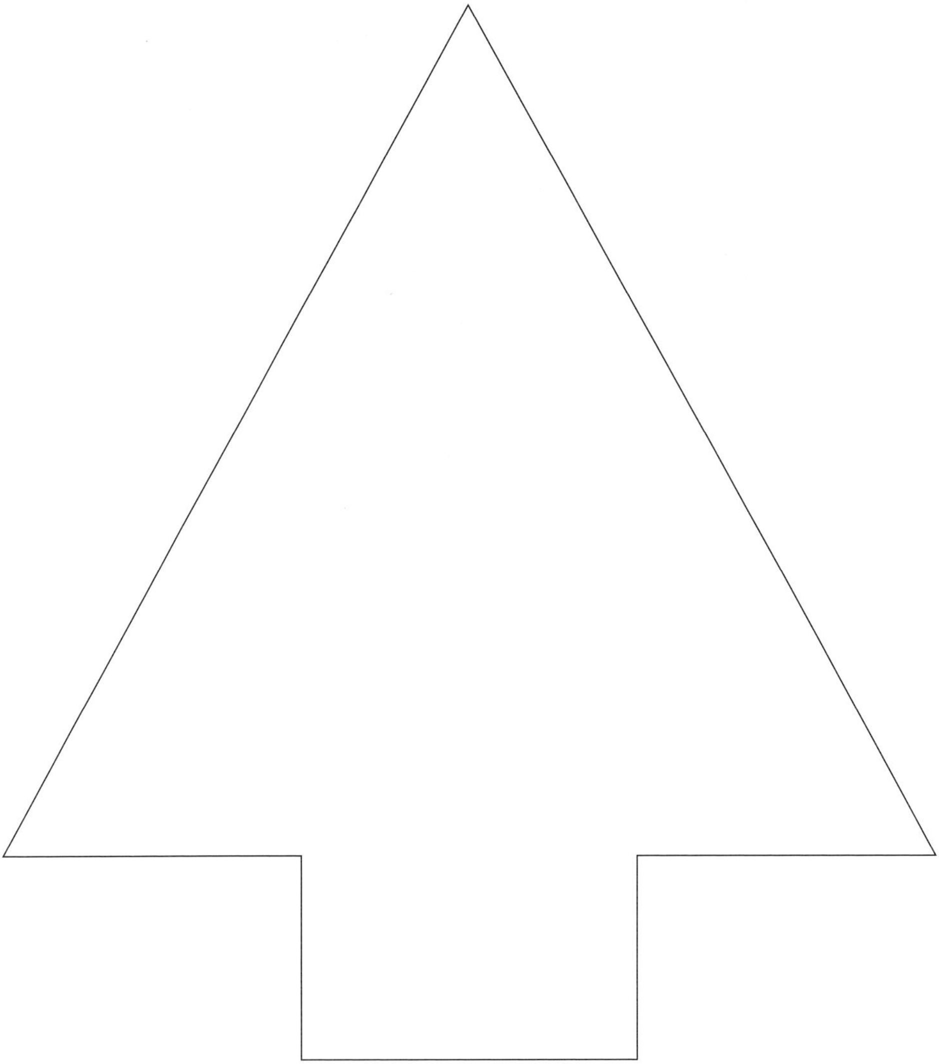

❄ Male die Vorderseiten der acht Teile vom Bastelbogen
grün an und schneide sie ordentlich aus.
Die Teile passen genau in diesen Baum.
Klebe sie auf, wenn du die Lösung gefunden hast. 

Was soll das bedeuten?

Was soll das bedeuten? Es taget ja schon!
Ich weiß wohl, es geht erst um Mitternacht rum.
Schaut nur daher! Schaut nur daher!
Wie glänzen die Sternlein, je länger, je mehr.

Treibt zusammen, treibt zusammen die Schäflein fürbass.
Treibt zusammen, treibt zusammen, dort zeig ich euch was.
Dort in dem Stall, dort in dem Stall,
werdet Wunderdinge sehen, treibt zusammen einmal.

Ich hab nur ein wenig von Weitem geguckt,
da hat mir das Herz schon vor Freude gehupft:
Ein schönes Kind, ein schönes Kind,
liegt dort in der Krippe bei Esel und Rind.

❄ Finde die zehn Unterschiede im zweiten Bild
und kreise sie ein.

Die heil'gen drei Könige

Die heil'gen drei Könige aus Morgenland,
sie frugen in jedem Städtchen:
„Wo geht der Weg nach Bethlehem,
ihr lieben Buben und Mädchen?"

Die Jungen und Alten, sie wussten es nicht,
die Könige zogen weiter;
sie folgten einem goldenen Stern,
der leuchtete lieblich und heiter.

Der Stern blieb stehn über Josephs Haus,
da sind sie hineingegangen;
das Öchslein brüllte, das Kindlein schrie,
die heil'gen drei Könige sangen.

Heinrich Heine

❄ Übertrage die Sterne vom Bastelbogen auf Goldpapier.
Schneide sie aus und klebe sie an die richtigen Stellen.

Morgen, Kinder …

❄ Male den Baum an und lasse die Kerzen erstrahlen.

❄ Trage die fehlenden Wörter mit Großbuchstaben auf der rechten Seite ein. Aus den nummerierten Kästchen ergibt sich dann das Lösungswort.

Morgen, [6][ ][ ][ ][ ][ ], wird's was geben,

morgen werden wir uns freun!

Welch ein [1][ ][ ][ ][ ], welch ein Leben

wird in unserm [ ][ ][ ][5][ ] sein!

Einmal [ ][ ][ ][ ][ ][8] wir noch wach,

heißa, dann ist [ ][ ][7][ ][ ][ ][ ][ ][ ][3][ ][ ][ ]!

Wie wird dann die [ ][ ][4][ ][ ] glänzen

von der großen Lichterzahl!

Schöner als bei [ ][ ][ ][ ][2][ ] Tänzen

ein geputzter Kronensaal.

Wisst ihr noch, wie vor'ges Jahr

es am Heil'gen [ ][ ][ ][ ][9] war?

Lösungswort: [1][2][3][4][5][6][7][8][9]

Das Weihnachtsevangelium

In jenen Tagen erließ Kaiser Augustus den Befehl, alle Bewohner des Reiches in Steuerlisten einzutragen. Dies geschah zum ersten Mal: damals war Quirinius Statthalter von Syrien. Da ging jeder in seine Geburtsstadt, um sich eintragen zu lassen.
So zog auch Josef von der Stadt Nazareth in Galiläa hinauf nach Judäa in die Stadt Davids, die Bethlehem heißt, denn er war aus dem Haus und Geschlecht Davids. Er wollte sich eintragen lassen mit Maria, seiner Verlobten, die ein Kind erwartete.
Als sie dort waren, kam für Maria die Zeit ihrer Niederkunft und sie gebar ihren Sohn, den Erstgeborenen. Sie wickelte ihn in Windeln und legte ihn in eine Krippe, weil in der Herberge kein Platz für sie war.
In jener Gegend lagerten Hirten auf freiem Feld und hielten Nachtwache bei ihrer Herde. Da trat der Engel des Herrn zu ihnen und der Glanz des Herrn umstrahlte sie. Sie fürchteten sich sehr, der Engel aber sagte zu ihnen: „Fürchtet euch nicht, denn ich verkünde euch eine große Freude, die dem ganzen Volk zuteil werden soll. Heute ist euch in der Stadt Davids der Retter geboren; er ist der Messias, der Herr. Und das soll euch

als Zeichen dienen: Ihr werdet ein Kind finden, das, in Windeln gewickelt, in einer Krippe liegt." Und plötzlich war bei dem Engel ein großes himmlisches Heer, das Gott lobte und sprach: „Verherrlicht ist Gott in der Höhe und auf Erden ist Friede bei den Menschen seiner Gnade."

Als die Engel sie verlassen hatten und in den Himmel zurückgekehrt waren, sagten die Hirten zueinander: „Kommt, wir gehen nach Bethlehem, um das Ereignis zu sehen, das uns der Herr verkünden ließ."

So eilten sie hin und fanden Maria und Josef und das Kind, das in der Krippe lag. Als sie es sahen, erzählten sie, was ihnen über das Kind gesagt worden war. Und alle, die es hörten, staunten über die Worte der Hirten. Maria aber bewahrte alles, was geschehen war, in ihrem Herzen und dachte darüber nach.

Die Hirten kehrten zurück, rühmten Gott und priesen ihn für das, was sie gehört und gesehen hatten, denn alles war so gewesen, wie es ihnen gesagt worden war.

Lukas 2, 1–20

Stille Nacht, heilige Nacht

2. Stille Nacht, heilige Nacht,
Hirten erst kundgemacht
durch der Engel Halleluja,
tönt es laut von fern und nah:
Christ, der Retter, ist da,
Christ, der Retter, ist da!

3. Stille Nacht, heilige Nacht,
Gottes Sohn, o wie lacht
Lieb aus deinem göttlichen Mund,
da uns schlägt die rettende Stund,
Christ, in deiner Geburt,
Christ, in deiner Geburt!

Quellenverzeichnis

2. Dezember: Fredrik Vahle, Der Schnee, aus: Weihnachtsgrüße, © Middelhauve Verlag, München 1986

3. Dezember: Sven Nordqvist, Pettersson kriegt Weihnachtsbesuch (Ausschnitt), Verlag Friedrich Oetinger, Hamburg 1989, Übersetzung von Angelika Kutsch

9. Dezember: Arnold Büchli, Die Weise des Hirten, aus: Schweizer Legenden, Verlag Sauerländer, Aarau 1966

15. Dezember: Kirsten Boie, Alles ganz wunderbar weihnachtlich (Ausschnitt), Verlag Friedrich Oetinger, Hamburg 1992

www.hase-und-igel.de
Satz: Claudia Trinks
Druck: Himmer AG, Augsburg

ISBN 978-3-86760-603-5
3. Auflage 2011